AF339930

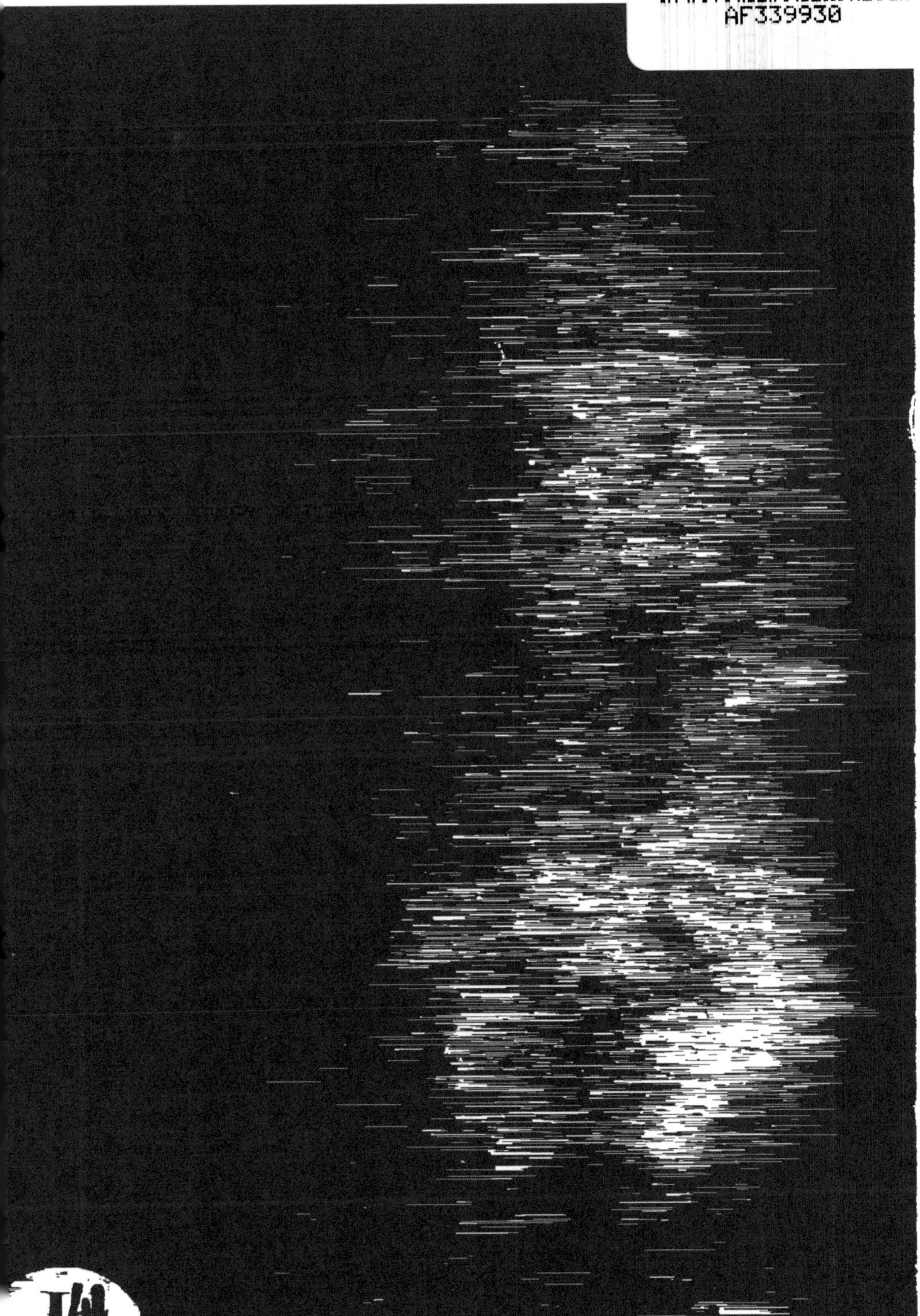

Si l'on put te prêter des desseins Criminels;
Le français abusé qui te fut si Contraire,
Dit de toi, maintenant que sa raison l'éclaire,
Ce Prince Vertueux, mérite des Autels.

ÉLOGE FUNÈBRE

DE S. M. LOUIS XVI,

ROI DE FRANCE ET DE NAVARRE.

Prononcé le jour de l'anniversaire de sa mort,
21 Janvier 1815.

*Dans l'Église paroissiale de Leudeville, Diocèse
de Versailles.*

Par M. l'Abbé ARNAUD,
Chanoine et Grand - Vicaire de Rennes.

SECONDE ÉDITION.
Ornée du Portrait de Sa Majesté.

A PARIS,

Chez J. J. BLAISE, Libraire de S. A. S. Madame la
Duchesse Douairière d'Orléans, quai des Augustins,
n°. 61, près le Pont-neuf.

1816.

ÉLOGE FUNÈBRE

DE S. M. LOUIS XVI,

ROI DE FRANCE ET DE NAVARRE.

In memoriá œierná erit justus. Ps. 111.
Sa mémoire sera bénie à jamais.

A qui peut-on, mes frères, appliquer avec plus de justesse cette pensée du Psalmiste, qu'à très-haut, très-puissant et très-excellent Prince Louis-Auguste de Bourbon, Roi très-chrétien de France et de Navarre, à l'infortuné Louis XVI, l'ami de son peuple et le martyr de son amour?

Vingt-deux ans se sont écoulés depuis le fatal événement dont le souvenir nous rassemble aujourd'hui dans ce temple. Qui ne sait que ce furent vingt-deux années de calamités! Les esprits sages l'avaient prévu que ce parricide entraînerait des malheurs inouis. Les bons Français n'ont cessé d'en gémir; ceux qui n'étaient point appelés à verser leur sang pour venger l'innocence immolée, répandirent des torrens de larmes sur la mort du juste Louis XVI, et sur les milliers de victimes qu'elle devait entraîner.

Chaque année , au retour de celle même époque de douleur, sentant de nouveau leur cœur
brisé, ils étaient réduits à cacher leurs gémisse-
mens dans le sein de la Divinité. Malheur à ceux
qui auraient eu d'autres confidens, d'autres dé-
positaires de leurs pieux sentimens que le ciel et
quelques gens de bien. Dans ces temps de per-
versité, la plus juste douleur passa souvent pour
un forfait et fut punie comme un attentat.

Mais aujourd'hui, mes frères, il nous est permis de laisser parler nos cœurs. Après tant d'années d'orage et de contrainte, nous sommes libres
enfin, et il nous est permis, dans ce triste anniversaire, de rendre quelques honneurs à l'infortuné Monarque, au père du peuple, dont les
dernières années ont été abreuvées de tant d'a-
mertume, à ce bon Roi qui, pendant son règne,
pendant sa captivité et jusque sur le théâtre de
son supplice, nous a donné de si grands exemples de sagesse, de résignation, de douceur et
de courage, et de cet héroïsme qui n'appartient
qu'au parfait chrétien. C'est pourquoi sa mémoire sera toujours en vénération; le respect
l'accompagnera dans tous les siècles à venir : *In
memoriá æterná erit justus.*

Je n'entreprendrai point ici l'histoire lamenta-
ble des crimes, si multipliés, qui l'ont fait périr.
à la fleur de l'âge, sous le fer des bourreaux :
qui pourrait raconter tant de scélératesses (1) ?

Avant même que Louis montât sur le trône, l'impiété, l'irreligion préparaient leurs armes homicides. Depuis le milieu du dix-huitième siècle, une foule d'écrivains téméraires, de beaux esprits orgueilleux, de prétendus philosophes, n'avaient cessé d'attaquer l'autel et le trône, dont ils voulaient amener la chute et saper les fondemens (2). Leurs fausses doctrines pervertirent la morale, en excitant toutes les passions. L'orgueil et l'amour de l'indépendance s'emparèrent de toutes les classes de la société; on fut las d'obéir, et, pour mettre le comble à leurs prétentions une foule de factieux, dignes élèves de tels maîtres, s'enhardissant encore dans leurs tumultueuses assemblées, proclamèrent le peuple souverain pour mieux l'opprimer. La moitié de ceux qui m'entendent ne s'en souvient que trop. Tout le monde fut esclave, quand tout le monde fut maître. Ce fut au nom du peuple souverain qu'on ferma tous les temples, qu'on proscrivit, qu'on massacra les ministres d'une religion sainte : ce fut au nom du peuple que des scélérats firent tomber sur l'échafaud la tête de ce Roi, le véritable ami de son peuple. O forfait exécrable ! qui couvre le nom français d'un opprobre éternel ! Un si grand crime devoit en attirer bien d'autres.

En effet, bientôt après ces misérables factieux, qui du sein de la capitale du Royaume s'etaient créé des prosélytes, disons mieux, des complices jusque dans le plus petit hameau; couvrirent la France de prisons et d'échafauds, et répandirent des torrens de sang. La vertu, la naissance, les talens et tous les sentimens honnêtes furent par eux persécutés comme des crimes; que dis-je? les plus grands crimes furent érigés en vertus. Ils poussèrent leur atroce démence jusqu'à vouloir consacrer, par une fête, ce jour épouvantable qui vit tomber la tête du meilleur des Rois; sans doute pour associer à leurs crimes la France entière; sans doute pour légitimer chaque fois les crimes de l'année, et pour perpétuer le droit de mort par l'exemple d'une si grande victime. Mais la France eut horreur de ces sanglantes saturnales, qui ne trouvèrent de complices que dans la peur et la lâcheté.

Fermons, fermons les yeux sur cette époque désastreuse; détournons nos regards de ce tableau hideux; mais souvenons-nous, mes frères, que l'homme, lorsqu'il a secoué le joug salutaire de la religion et de l'autorité légitime, devient capable des plus grandes atrocités; souvenons-nous que, livré à sa pauvre raison, devenu le jouet de ses passions, l'homme est le plus cruel de tous les animaux.

Pères et mères, dites, redites souvent à vos enfans ce que nous avons tous vu : la France inondée de sang, une multitude de Français, indignes de ce nom, devenus pires que des bêtes féroces ; il falloit bien être pire que des tigres, pour oser s'abreuver du sang le plus pur.

Quel Roi, plus que Louis, avoit montré sur le trône cette bonté populaire qui le portait à diminuer les charges du peuple ? Quel Roi a jamais voulu plus sincèrement son bonheur. Appelé à régner à vingt ans, dans l'âge des passions, loin d'être séduit par les charmes d'une autorité sans bornes, ni par les douceurs de la flatterie, vrai poison des cours, ce Prince donna sur le trône l'exemple des mœurs; il n'y porta aucune faiblesse coupable, aucune passion corruptrice. Au mépris du faste, il joignait un grand désir de faire le bien, et un profond respect pour la Religion. Oui, mes frères, la Religion fut la base de toutes les vertus de LOUIS; elle en fit un Prince juste, clément, humain, bienfaisant ; elle le rendit époux fidèle, père tendre, bon frère, bon maître; en un mot un modèle de vertus morales et chrétiennes (3).

Que n'est-il possible, mes frères, de vous retracer en peu de mots l'histoire entière de son règne! Vous le verriez toujours occupé du bien public, toujours pénétré de l'importance de ses augustes fonctions. A l'étude profonde de l'histoire de tous les peuples, et surtout de la monarchie française, il voulut joindre l'étude de plusieurs langues vivantes qu'il apprit tout seul (4).

Un témoignage non suspect, sur l'étendue de ses connaissances et sur la pureté de ses intentions, c'est celui de ses ministres (5) et des personnes qui eurent des rapports avec lui pendant le cours même de la révolution, et lorsqu'il était déjà prisonnier dans son château des Tuileries : eh bien ! tous s'accordent à dire que Louis les étonna souvent par la profondeur et l'étendue de son instruction. Il s'était appliqué, par devoir et par amour pour son peuple, à acquérir toute la science nécessaire à un bon Roi. Cet amour du peuple fut le principe et la règle de toutes les actions de sa vie, ses affections même lui furent subordonnées.

En montant sur le trône, il avait remis à ses sujets le droit de joyeux avènement, rétabli les cours souveraines que la voix publique redemandait, malgré les insinuations de quelques hommes publics (6), qui lui conseillaient le contraire ; il avait garanti la dette de l'Etat, garantie qui devait lui être si funeste (7). Il ordonna la visite des prisons d'Etat, afin de vérifier les motifs de l'arrestation de chaque individu ; il s'occupa de rendre les hôpitaux salubres, d'assainir, d'embellir la capitale, en débarrassant ses ponts et ses quais ; il multiplia les écoles de charité, pour répandre le bienfait de l'instruction parmi le peuple ; il encouragea les progrès des sciences, en récompensant les talens.

Par ses soins vigilans, des canaux, de nouveaux ports furent creusés pour l'utilité du commerce et de la marine française ; sous son règne, le pavillon blanc fut respecté dans les deux mondes, et l'Océan fut plus d'une fois témoin de nos victoires. Jaloux de la gloire du nom français, ce Prince avait ordonné aux plus habiles artistes de reproduire les traits des grands hommes du siècle précédent, pour soutenir le lustre et la splendeur de son siècle à la même hauteur, s'il eût été possible. Que de sagesse dans l'institution des assemblées provinciales ! LOUIS pouvait-il donner des preuves plus multipliées et plus touchantes de son amour pour les Français ? Sa vie entière fut consacrée au bien public. Oui, mes frères, son amour pour les Français n'avait point de bornes, et c'est dans l'excès de ce sentiment qu'il faut chercher le principe et la source de ses malheurs. LOUIS n'était que trop bon ; il espérait de ramener, à force de bienfaits, les mauvais esprits qui s'étaient faits ses ennemis ; mais, non contens d'accumuler outrages sur outrages, après l'avoir réduit dans un état de captivité révoltant, désespérant de vaincre sa douceur et sa clémence, ils conjurèrent sa mort.

Pour le perdre plus sûrement, les ennemis du trône et de l'autel suivirent constamment un système de diffamation et de calomnie qui ne trouva que trop d'esprits crédules au milieu d'une nation pervertie, et devenue impatiente de toute espèce de frein. De piège en piège, de révolte en révolte, ils en étaient venus jusqu'à l'accuser d'être le plus grand ennemi de son peuple. Non contens de tous les sacrifices qu'il avait faits aux dépens de son autorité, les factieux avaient osé soudoyer des monstres pour l'insulter jusque dans ses palais, pour attenter à sa vie et à celle de son auguste compagne. J'en atteste les fameuses journées des 5 et 6 octobre 1789, des 20 juin 1790, et 10 août 1792. Désespérés de n'avoir pu, dans ces jours de crises, immoler leurs victimes, ils eurent recours aux plus atroces calomnies, et prodiguèrent au meilleur des Rois l'odieuse épithète de tyran. Louis XVI, un tyran ! Eh quoi ! était-il un tyran, ce prince qui, dans sa vie privée comme dans sa vie publique, se signala par mille traits d'une bonté admirable et bien digne de la belle ame d'un fils de Saint-Louis et de Henri IV ? N'est-ce pas lui qui avait dit, en supprimant les corvées ? *Les routes ne seront plus arrosées des larmes de la classe indigente de mes sujets.* Était-il un tyran ce vertueux monarque qui, en exposant sa conduite aux yeux de ses ennemis, avec toute la candeur de l'innocence, avait laissé échapper ces paroles qui devraient être gravées en lettres d'or ? *Éclairez ce peuple qu'on égare, ce peuple qui m'est si cher, et dont on m'assure que je suis aimé,* *quand on veut me consoler de mes peines.* De telles paroles, de tels sentimens ont-ils jamais pu sortir de la bouche d'un tyran ? Quel est le tyran qui, se voyant harcelé par une multitude effrénée qui le pressait de se rendre à Paris, aurait répondu comme LOUIS : *je me livre , je me confie à mon Peuple, il fera de moi ce qu'il jugera à propos.* Était-il un tyran ce Prince magnanime qui, au milieu de mille ins-trumens de mort, disait au maire de Paris, qui affectait de craindre pour ses jours : *Moi, craindre ! c'est à ceux qui n'ont pas le cœur pur à craindre la mort* (*). Louis XVI, un tyran ! Ah ! nous avons trop appris à nos dépens à connaître les tyrans et la tyrannie, et celle de plusieurs, et celle de la multitude et celle d'un seul. Il nous a donné la véritable idée d'un tyran, cet homme qui, pour assouvir sa rage ambi-tieuse, fit peser sur la France un joug de fer pendant tant d'années; cet homme qui sacrifia des générations entières à l'échaffaudage de sa gloire éphémère ; cet homme qui asservit son sénat et la réprésentation nationale qui n'était plus qu'un vain nom ; cet homme qui immola tant de victimes innocentes à la peur de voir

---

(*) *Tiens mon ami,* ajouta-t-il, en prenant la main d'un grenadier et la portant sur son cœur : *mets-là la main et dis à cet homme si mon cœur palpite plus fort qu'à l'ordinaire.*

chanceler son autorité. Louis XVI un tyran !
ce Prince si doux et si clément, qui, chassé de
son palais, disoit, en se réfugiant au sein de
l'assemblée législative : *je suis venu ici pour
éviter un grand crime, je me croirai toujours
en sûreté, ma famille et moi, lorsque je serai
au milieu des représentans de la Nation.*
Louis XVI, un tyran ! qu'a-t-il dit , qu'a-t-il
fait dont on puisse lui faire un juste reproche?
N'est-ce pas, lui qui peu de jours après ce dernier évènement, témoin des préparatifs qu'on
faisait pour rendre sa prison plus épouvantable ,
se contenta de dire : *Faut-il que je perde ma
liberté pour avoir voulu moi-même la donner
à mon peuple !* mais l'aveugle fureur de ses
ennemis, les rendit sourds aux cris de l'humanité.

Ce fut en vain que dans ce fameux procès, où
il fut jugé et condamné au mépris de toutes les
lois divines et humaines , ce fut en vain qu'il dit
pour sa défense , à l'exemple du Sauveur du
monde, quand, par la bouche de son prophète,
il reprochait sa mort au peuple juif : Que vous
ai-je fait, ô mon peuple! De quoi vous plaignez
vous ? répondez-moi. *Popule meus quid feci
tibi , aut in quo te contristavi, responde mihi.*
(MICH. c. 5 , v. 6.) Vous avez désiré la suppres-
sion d'un impôt désastreux, la corvée, qui ne
pesait que sur les malheureux cultivateurs, et je
l'ai supprimée. *Popule meus quid feci tibi.*

La raison et la justice réclamaient l'abolition entière de l'esclavage, et j'ai aboli la servitude dans mes domaines. Que vous ai-je fait, ô mon peuple ! répondez-moi.

Un ancien usage, reste des temps barbares, infligeait une peine atroce aux prisonniers présumés coupables, pour leur arracher l'aveu de leur crime, la question, qui dut souvent devenir funeste à l'innocence elle - même, subsistait encore ; et j'ai fait cette réforme si désirée dans la législation criminelle. *Popule meus quid feci tibi ?*

Les finances de l'État étaient épuisées par des dettes antérieures à mon règne, et par les frais d'une guerre dispendieuse qui n'avait pas coûté un seul impôt, et je m'imposai les plus grandes privations, jusqu'à envoyer à la monnaie toute ma vaisselle. *Quid feci tibi ?* Que vous ai-je fait, ô mon peuple !

Vous avez désiré une assemblée de tout ce qu'il y avait d'hommes illustres et les plus éclairés du royaume, pour réformer des abus qui ont fait place à des abus plus grands encore, et j'ai convoqué les Etats-généraux. *Popule meus !* ô mon peuple ! de quoi vous plaignez-vous ? Cette assemblée a dépecé mon autorité tutélaire. Devenue, par ma bonté même, plus entreprenante et plus audacieuse, celle qui la suivit a épié toutes mes démarches, accueilli les plus noires calomnics ; enfin, elle m'a présenté à vos yeux, aux yeux de ce peuple qui avait reçu tant de marques de ma sollicitude paternelle et de mon amour, comme un despote, un tyran, ennemi de ce même peuple dont le bonheur fut constamment l'objet de tous mes vœux. *Populc meus quid feci tibi ?* O mon peuple ! que vous ai-je fait, ou plutôt que n'ai-je pas fait pour vous ?

C'est une vérité constante et manifeste, mes frères ; LOUIS n'a fait que du bien ; ses intentions ont toujours été pures et bien éloignées de mériter les absurdes accusations intentées contre lui. Il avait bien raison de dire, ce prince d'une bonté incomparable : *Jamais Roi n'en a tant fait pour aucune nation.* Et cependant, malgré la courageuse défense du talent et de la vertu, (8) le glaive s'apprête, il faut du sang à ces monstres, et la victime innocente va être frappée.

Representez-vous, mes frères, le descendant de tant de Rois, issu de la plus noble famille de l'univers, le digne petit-fils de Saint Louis, d'Henri IV, de Louis-le-Grand, le plus honnête homme de son siècle, l'homme le plus vertueux de son royaume, arraché à son trône, plongé six mois dans les cachots du Temple, lui et son auguste famille, pour y être tous abreuvés d'amertume et d'injures ; figurez-vous, dis-je, ce prince à la fleur de l'age, traité comme un vil criminel, montant sur un échafaud, au milieu d'une foule

de cannibales, pour y présenter sa tête innocente
et sacrée au fer du bourreau !....

Ici, malgré l'espace de temps qui nous sépare
de cet horrible attentat, le cœur est de nouveau
brisé de douleur par ce cruel souvenir. Les san-
glots se mêlent à nos larmes.... Les paroles nous
manquent.... Que pourrait-on ajouter à ce la-
mentable spectacle ?.... *Peuple français, on
vient de massacrer ton pére !*.... Vengeance !
vengeance ! s'écrie l'humanité outragée... Pardon,
pardon ! s'écrie LOUIS jusques sur l'échafaud....

O mon Dieu ! ô mon Roi ! vous seul pouvez
mettre un frein à notre juste indignation.... Votre
échafaud, ô mon Roi ! est donc pour nous un
autre Calvaire. Entendez, chrétiens, entendez les
dernières paroles de LOUIS comme les dernières
paroles de Jésus-Christ, ce sont des paroles de
douceur et de clémence : *Je meurs innocent, et
je pardonne.*

O vertu sublime ! dont nous ne trouvons
d'aussi bel exemple que dans le Sauveur du
monde et dans quelques saints martyrs ! Un tel
effort, mes frères, est la plus belle, la plus
grande victoire que notre sainte Religion puisse
obtenir sur le cœur de l'homme. Aussi je ne
crains pas de comparer la mort de LOUIS à celle
de l'Homme-Dieu. Comme l'agneau sans tache,
il est conduit à la mort sans proférer une plainte;
comme Jésus-Christ sur la croix, LOUIS, jusques

sur l'échafaud, sur le théâtre de ses douleurs et de l'ignominie, si la vertu pouvoit avoir à rougir, Louis prie pour ses bourreaux. Je vous le demande, chrétiens, après le sacrifice du Sauveur du monde, en est il un plus grand et plus touchant que celui de Louis XVI ? Lui qui pouvait d'un mot disposer de tant de légions armées pour sa défense, tant au dedans qu'au dehors de son royaume, (9) à l'exemple du fils de Dieu, le fils aîné de l'Eglise aime mieux mourir que de faire verser le sang du dernier de ses sujets (10). Qu'on cesse de nous tant vanter la mort du sage de la Grèce, il avait pour soutien son orgueil et l'admiration de ses disciples, mais Louis est seul au milieu d'une troupe de cannibales, il n'a d'autre appui que le ciel et sa conscience, il meurt au milieu des injures de ceux même qu'il voulait rendre heureux ; il meurt et il pardonne sa mort ! Quel spectacle sublime et déchirant ! Anges du ciel, accordez, soyez une seconde fois témoins de la mort du juste par excellence ! Philosophes de tous les siècles, venez contempler la mort du juste Louis XVI, de Louis le martyr ; apprenez enfin à mieux le connaître ; sachez qu'éternellement son nom sera révéré, que le respect et la vénération accompagneront sa mémoire dans tous les siècles à venir. *In memoriá æterná erit justus.* Ce siècle ne s'écoulera pas sans qu'on voye fumer l'encens au pied de ses images révérées.

Grand Dieu ! laissez tomber sur cette terre dé-
solée, un des rayons de la gloire immortelle dont
vous l'avez couronné dans le ciel. N'en doutons
pas, mes frères, ou la France aura le sort du
peuple juif, qui vit tant de fois saccager Jérusa-
lem en punition du déicide, ou elle ne recou-
vrera son existence indépeudante qu'après de
longs et terribles châtimens, jusqu'à ce qu'enfin,
revenue de ses égaremens, elle cherche à expier
dans le deuil et les larmes, son crime presqu'irré-
missible ; jusqu'à ce qu'elle fasse éclater son repentir sincère, en se plaçant sous la protection
du nouveau Saint-Louis, à qui elle doit un jour
rendre un culte public. Mais quelle que soit notre
destinée, mes frères, tant qu'il restera un peu de
foi sur la terre, on invoquera ce Roi martyr
comme un saint, comme un ami de Dieu : car
ces honneurs funèbres; les seuls que nous puis-
sions, qu'il nous soit permis de rendre à sa mémoire, avant que l'Eglise ait proclamé son apo-
théose ; ces honneurs, dis-je, ne signifient pas
qu'il ait besoin de nos prières : c'est pour nous,
pour tous les bons Français, une légère consolation, à laquelle il convient de joindre des
œuvres expiatoires, telles que la prière et le
jeûne, non pour effacer, cela n'est pas possible,
mais pour nous faire pardonner l'opprobre éternel qui nous sera éternellement reproché par la
postérité justement indignée.

Oui, mes Frères, les siècles à venir se soulè-
veront contre notre siècle, qui s'est à jamais
rendu fameux par tant de barbarie. Malgré tant
de monumens irrécusables, nos neveux refuse-
ront de croire à tant de fureurs monstrueuses.
Pourront-ils concevoir qu'un jeune enfant, parce
qu'il eut le malheur d'être le fils de LOUIS,
malgré la candeur de son innocence, et tout ce
qui peut inspirer l'amour, le respect et l'intérêt
le plus tendre, ait péri dans un cachot, victime
des traitemens les plus féroces ? (11) De quelle
exécration ne nous chargeront-ils pas lorsqu'ils
liront que l'auguste fille des Césars, Marie-An-
toinette, Reine de France et de Navarre, qui
fut longtemps le plus bel ornement du plus beau
trône de l'univers, après avoir été plongée dans
un cachot infect, dans le dénuement de la misère,
en butte aux plus atroces calomnies, porta sa
tête sur l'échafaud de LOUIS, et qu'elle parta-
gea son supplice et sa couronne céleste sans
doute, après avoir partagé ses longs malheurs (12)!
De quelle malédiction ne nous chargeront-ils
pas, en apprenant que la sainte Élisabeth (13),
la sœur de LOUIS, cette Princesse que d'avance
l'on avait, à bon droit, surnommée la sainte du
château, dont le dévouement héroïque fera l'admiration de tous les siècles; cette Princesse dont
la vie innocente et pure, au milieu des séduc-
tions de la cour et de la dépravation du siècle,

écartait toute idée de vengeance, ait subi le
même sort ! Voilà sans doute une nouvelle mons-
truosité dont il sera permis de douter (14).

Quelle est donc cette rage sanguinaire qui
entasse victime sur victime ! A peine l'exil peut
protéger les restes infortunés de cette auguste
famille ! Le fer et le poison les poursuivent
jusques chez les nations voisines (15). Grand
Dieu ! combien de temps va durer cette horrible frénésie (16)? Hélas ! des monceaux de victimes ont signalé cette époque de destruction.
La France déchire son propre sein; elle est ivre
de carnage et de sang; et voilà qu'au bout de
dix ans, l'héritier de la révolution, envoyé du
ciel pour châtier les peuples indociles, va saisir
traîtreusement, sur une terre hospitalière, le plus
illustre défenseur de la famille détrônée (17),
Louis de Bourbon, duc d'Enghien, ce jeune
héros, si digne de ses illustres aïeux, ce noble
rejeton du Grand Condé, pour l'immoler à Vin-
cennes, par la plus noire perfidie et le plus
lâche de tous les attentats. Par ce dernier crime,
le féroce tyran s'est approprié tous les crimes de
la révolution; par ce seul crime, il s'est, autant
que possible, approché du régicide. Par ce crime
enfin, il s'est rendu le digne chef des monstres
qui l'avaient pris pour leur patron, auxquels il
devait servir d'égide, de défenseur et d'apolo-
giste, jusqu'à ce qu'enfin, frappé d'aveuglement,

ce colosse infernal tombe lui-même pour le repos du monde entier.

Si nous remontions, chrétiens, aux premières causes de tant d'événemens déplorables, nous verrions qu'ils prennent leur origine dans l'impiété, l'irréligion et le désordre des mœurs qui, depuis tant d'années, préparaient cette épouvantable catastrophe. Témoins et victimes la plupart des ravages affreux qu'ont amené les désolantes doctrines d'une fausse philosophie, apprenons enfin à mieux connaître notre propre origine, notre destination et notre fin dernière. Disons avec autant de sincérité que l'apôtre : *Nous étions jadis nous-mêmes des insensés, des incrédules, livrés à l'esprit de système, esclaves de nos desirs, et de nos sensations diverses, pleins de malice et de jalousie, dignes de haine, et nous haïssant les uns les autres. Eramus enim aliquandò et nos insipientes, increduli errantes, servientes desideriis et voluptatibus variis, in malitiá et invidiá agentes, odibiles, odientes invicem.* (Ep. à thimoth.) Mais depuis que le Sauveur a fait éclater sur nous sa bonté et sa miséricorde, en nous régénérant par l'Esprit-Saint, purifions nos cœurs, en les ouvrant à l'espérance d'une nouvelle vie. Profitons du moins des terribles leçons que Dieu nous donna pour nous punir, et pour nous rappeler à lui. Le seul moyen d'échapper à de

nouveaux désastres, c'est d'appaiser la colère
du Ciel, en réformant nos mœurs, et celles de
la génération qui nous suit, de ranimer notre
foi, et de nous exciter à la piété par toutes sortes
de bonnes œuvres.

Hâtons-nous donc, mes frères, hâtons-nous
de multiplier nos expiations. A l'exemple de
votre ancienne Métropole, nous avons récité les
prières (18) qui doivent être répétées tous les
ans à pareille époque, pour faire amende ho-
norable de tant de crimes. Nous allons offrir à
Dieu le saint sacrifice dont le mérite infini peut
être appliqué, non-seulement à l'auguste famille
des Bourbons, mais encore à cette foule de
guerriers, à tant de milliers de Français qui ont
bravé la mort pour venger celle de leur maître.

Quant à Louis, nous le répétons, depuis l'instant où il nous fut ravi, il n'a plus besoin du
secours de nos prières; c'est nous qui avons besoin du secours des siennes. De l'échafaud, il a
passé dans les bras de l'Eternel. Eh bien ! priez
pour nous aussi, ame héroïque, ame céleste,
généreux martyr; priez pour nous, digne fils
de Saint Louis, digne héritier de ses vertus et
de son trône, qui partagez dans le Ciel sa gloire
immortelle. Priez pour nous; demandez grâce
pour tant de coupables.

Déjà, mes frères, nous avons senti l'effet de
cette auguste protection des deux Saints Louis,

et de tous les saints et saintes de cette géné-
reuse race des Bourbons, qui tous se sont réunis
autour du trône de l'Eternel, pour désarmer
son bras vengeur. Déjà, par le retour si long-
temps inespéré de LOUIS-LE-DÉSIRÉ, de ce
sage monarque qui, à l'exemple du saint martyr
son frère, ne soupire que pour le bonheur des
Français, nous pouvons croire que le ciel a jeté
sur la France un regard favorable, qu'elle a ob-
tenu grâce du père des miséricordes. Nos Princes
nous sont rendus; nos malheurs sont finis. Nous
pouvons croire que le ciel est réconcilié avec la
terre. La Miséricorde et la Vérité sont allées
au-devant l'une de l'autre. *Misericordia et Vé-
ritas obviarerunt sibi.* La Justice et la Paix se
sont embrassées. *Justitia et Pax osculatœ sunt.*
Comme pour signaler cette grande époque de
miséricorde et de réconciliation, la paix règne
aujourd'hui dans le monde entier.

Vous savez, mes frères, par quels événemens
incroyables, s'ils ne s'étaient point passés sous
nos yeux, lorsque cette auguste famille, si digne
de tous nos respects et de notre amour, paraissait oubliée de tout l'univers, est remontée tout-
à-coup sur le trône de ses pères; vous savez par
quel changement subit et inopiné elle a été ren-
due à nos vœux; et, précédés de la clémence et
de l'olivier de la paix, elle s'est montrée parmi
nous avec le seul cortége de ses vertus et de ses

longs malheurs. Nous avons parmi nous la céleste
fille du saint Roi; sa présence est le gage le plus
sûr du pardon, de la paix et du bonheur.

Qui peut ne pas reconnaitre à ces traits écla-
tans l'œuvre miraculeuse du Tout-Puissant qui,
d'un clin d'œil, appaise les tempêtes, dissipe les
orages; qui, après avoir frappé d'aveuglement le
lâche usurpateur, dont il fut l'instrument de ses
vengeances, va prendre par la main cette auguste
famille pour la replacer sur le trône de ses aïeux;
comme autrefois, d'un seul mot, ce même Dieu
débrouilla le chaos et créa le monde : *Dixit et
facta sunt.*

Oui, mes frères, Dieu a parlé, et les Souve-
rains alliés, oubliant leurs justes ressentimens et
leurs propres intérêts, ont mis leur gloire à re-
lever le trône de SAINT LOUIS; eux qui pouvaient s'en partager les débris. *Dixit et facta
sunt.* Dieu a parlé à leurs cœurs magnanimes.
Un si grand miracle, qui s'est opéré sans qu'il
en ait coûté ni une larme ni une goutte de sang,
a frappé d'étonnement les incrédules eux mêmes.
Ils se sont dits la plupart: « Il est donc un Dieu
» qui gouverne le monde, qui ne laisse pas le
» crime toujours impuni et triomphant même
» sur cette terre ! Il est donc une Providence ! Il
» est donc une Religion véritablement divine,
» puisqu'elle pardonne jusques sur l'échafaud !
« Le sublime exemple qu'a donné sur la croix le

» Sauveur du monde, est rendu plus probable,
» disent-ils, par la clémence du généreux mar-
» tyr ». Oui, mes frères, ainsi que la croix de
l'homme-Dieu, l'échafaud de Louis doit faire
régner la vertu parmi nous; elle doit faire aimer
davantage notre sainte Religion; c'est elle qui
forma son cœur; c'est elle qui éclaira son esprit
d'une lumière céleste. Le sang innocent de ce
Prince va devenir, en quelque sorte, un nouvel
holocauste, une nouvelle victime de Propitiation
entre le ciel et la France. Sachons donc imiter
tant de glorieux exemples; comme notre bon
Roi qui a promis de tout oublier, de tout pardonner, oublions tout, pardonnons tout; ne
nous souvenons de nos fautes que pour les expier, et pratiquons avec un nouveau zèle, les
préceptes de cette sainte Religion, qui est le plus
grand bienfait du ciel.

Telle est, mes frères, la meilleure, la seule manière d'honorer dignement le saint martyr que
nous pleurons tous encore aujourd'hui, et qu'il
faudrait pleurer à jamais sans l'heureux retour de
son auguste Famille.

Pour nous pénétrer encore mieux de tous les
sentimens que doit inspirer ce jour mémorable,
je terminerai cet entretien par la lecture du tes-
tament de Louis, que plusieurs d'entre vous ne
connaissent pas (19). Il est daté du jour de Noël,
25 décembre 1792, vingt-neuf jours avant sa

mort. Depuis le 11 du même mois, LOUIS avait été séparé de toute sa famille; il était en butte aux outrages, aux soupçons les plus injurieux. Cet espace de temps, ces quarante jours dûrent être une longue agonie pendant lesquels la Religion achevait de perfectionner le Héros chrétien, et le préparait à faire, avec tant de résignation, le plus grand, le dernier sacrifice, celui de la vie:

TESTAMENT DE LOUIS XVI.

Au nom de la Très-Sainte Trinité, du Père, du Fils et du Saint-Esprit. Aujourd'hui vingt-cinquième jour de décembre mil sept cent quatre-vingt-douze, moi, LOUIS Seizième du nom, Roi de France, étant depuis plus de quatre mois enfermé avec ma famille dans la tour du Temple à Paris, par ceux qui étaient mes sujets, et privé de toute communication quelconque, même, depuis le onze du courant, avec ma famille; de plus, impliqué dans un procès dont il est impossible de prevoir l'issue, à cause des passions des hommes, et dont on ne trouve aucun prétexte ni moyen dans aucune loi existante; n'ayant que Dieu pour témoin de mes pensées, et auquel je puisse m'adresser,

Je déclare ici en sa présence mes dernières volontés et mes sentimens.

Je laisse mon ame à Dieu, mon Créateur; je le

prie de la recevoir dans sa miséricorde, de ne pas la juger d'après ses mérites, mais par ceux de Notre Seigneur Jésus-Christ, qui s'est offert en sacrifice à Dieu, son Père, pour nous autres hommes, quelqu'indignes que nous en fussions, et moi le premier.

Je meurs dans l'union de notre sainte Mère l'Église catholique, apostolique et romaine, qui tient ses pouvoirs, par une succession non interrompue, de Saint-Pierre, auquel Jésus-Christ les avait confiés; je crois fermement et je confesse tout ce qui est contenu dans le symbole et les commandemens de Dieu et de l'Église, les sacremens et les mystères, tels que l'Église catholique les enseigne et les a toujours enseignés : je n'ai jamais prétendu me rendre juge dans les différentes manières d'expliquer les dogmes qui déchirent l'Église de Jésus-Christ; mais je m'en suis rapporté et rapporterai toujours, si Dieu m'accorde vie, aux décisions que les supérieurs ecclésiastiques, unis à la sainte Église catholique, donnent et donneront, conformément à la discipline de l'Eglise, suivie depuis Jésus-Christ. Je plains de tout mon cœur nos frères qui peuvent être dans l'erreur; mais je ne prétends pas les juger, et je ne les aime pas moins tous en Jésus-Christ, suivant ce que la charité chrétienne nous enseigne. Je prie Dieu de me pardonner tous mes péchés; j'ai cherché à les connaître scrupuleusement, à les détester, et à m'humilier en sa présence. Ne pouvant me servir du ministère d'un prêtre catholique, je prie Dieu de recevoir la confession que je lui en ai faite, et surtout le repentir profond que j'ai d'avoir mis mon nom (quoique cela fût contre ma volonté) à des actes qui peuvent être contraires à la discipline et à la croyance de l'Eglise catholique à laquelle je suis toujours resté sincèrement uni de cœur : je prie Dieu de recevoir la ferme résolution où je suis, s'il m'accorde vie, de me servir, aussitôt que je le pourrai, du ministère d'un prêtre catholique, pour m'accuser de tous mes péchés, et recevoir le sacrement de pénitence.

Je prie tous ceux que je pourrais avoir offensés par inadvertance (car je ne me rappelle pas d'avoir fait sciemment aucune offense à personne), ou ceux à qui j'aurais pu avoir donné de mauvais exemples ou des scandales, de me pardonner le mal qu'ils croient que je peux leur avoir fait.

Je prie tous ceux qui ont de la charité, d'unir leurs prières aux miennes, pour obtenir de Dieu le pardon de mes péchés.

Je pardonne de tout mon cœur à ceux qui se sont faits mes ennemis, sans que je leur en aye donné aucun sujet, et je prie Dieu de leur pardonner, de même qu'à ceux qui, par un faux zèle, ou par un zèle mal entendu, m'ont fait beaucoup de mal.

Je recommande à Dieu ma femme et mes enfans, ma sœur, mes tantes, mes frères, et tous ceux qui me sont attachés par les liens du sang ou par quelque autre manière que ce puisse être. Je prie Dieu particulièrement de jeter des yeux de miséricorde sur ma femme, mes enfans et ma sœur, qui souffrent depuis long-temps avec moi ; de les soutenir par sa grace, s'ils viennent à me perdre, et tant qu'ils resteront dans ce monde périssable.

Je recommande mes enfans à ma femme. Je n'ai jamais douté de sa tendresse maternelle pour eux : je lui recommande surtout d'en faire de bons chrétiens et d'honnêtes hommes ; de ne leur faire regarder les grandeurs de ce monde-ci (s'ils sont condamnés à les éprouver), que comme des biens dangereux et périssables, et de tourner leurs regards vers la seule gloire solide et durable de l'éternité. Je prie ma sœur de vouloir bien continuer sa tendresse à mes enfans, et de leur tenir lieu de mère, s'ils avaient le malheur de perdre la leur.

Je prie ma femme de me pardonner tous les maux qu'elle souffre pour moi, et les chagrins que je pourrais lui avoir donnés dans le cours de notre union ; comme elle peut être sûre que je ne garde rien contre elle, si elle croyait avoir quelque chose à se reprocher.

Je recommande bien vivement à mes enfans, après ce qu'ils doivent à Dieu, qui doit marcher avant tout, de rester toujours unis entre eux, soumis et obéissans à leur mère, et reconnaissans de tous les soins et les peines qu'elle se donne pour eux, et en mémoire de moi. Je les prie de regarder ma sœur comme une seconde mère.

Je recommande à mon fils, s'il avait le malheur de devenir Roi, de songer qu'il se doit tout entier au bonheur de ses concitoyens; qu'il doit oublier toutes haines et tous ressentimens, et nommément tout ce qui a rapport aux malheurs et aux chagrins que j'éprouve; qu'il ne peut faire le bonheur des peuples qu'en régnant suivant les lois; mais, en même temps, qu'un Roi ne peut se faire respecter, et faire le bien qui est dans son cœur, qu'autant qu'il a l'autorité nécessaire, et qu'autrement, étant lié dans ses opérations, et n'inspirant point de respect, il est plus nuisible qu'utile.

Je recommande à mon fils d'avoir soin de toutes les personnes qui m'étaient attachées, autant que les circonstances où il se trouvera lui en donneront les facultés, de songer que c'est une dette sacrée que j'ai contractée envers les enfans ou les parens de ceux qui ont péri pour

moi, et ensuite de ceux qui sont malheureux
pour moi. Je sais qu'il y a plusieurs personnes
de celles qui m'étaient attachées, qui ne se sont
pas conduites envers moi comme elles le devaient,
et qui ont même montré de l'ingratitude : mais
je leur pardonne (souvent, dans les momens de
trouble et d'effervescence, on n'est pas le maître
de soi); et je prie mon fils, s'il en trouve l'occasion, de ne songer qu'à leur malheur.

Je voudrais pouvoir témoigner ici ma reconnaissance à ceux qui m'ont montré un véritable
attachement, et désintéressé. D'un côté, si j'étais
sensiblement touché de l'ingratitude et de la
déloyauté de ceux à qui je n'avais jamais témoi-
gné que des bontés, à eux, à leurs parens ou
amis; de l'autre, j'ai eu de la consolation à voir
l'attachement et l'intérêt gratuit que beaucoup
de personnes m'ont montré : je les prie d'en recevoir tous mes remercîmens.

Dans la situation où sont encore les choses,
je craindrais de les compromettre, si je parlais
plus explicitement; mais je recommande spécialement à mon fils de chercher les occasions de
pouvoir les reconnaître.

Je croirais calomnier cependant les sentimens
de la nation, si je ne recommandais ouvertement
à mon fils MM. de Chamilly et Hue, que leur
véritable attachement pour moi avait portés à
s'enfermer avec moi dans ce triste séjour, et

qui ont pensé en être les malheureuses victimes.

Je lui recommande aussi Cléry, des soins duquel j'ai eu tout lieu de me louer, depuis qu'il est avec moi : comme c'est lui qui est resté avec moi jusqu'à la fin, je prie Messieurs de la Commune de lui remettre mes hardes, mes livres, ma montre, et les autres petits effets qui ont été déposés au conseil de la Commune.

Je pardonne encore très volontiers à ceux qui me gardaient, les mauvais traitemens et les gênes dont ils ont cru devoir user envers moi. J'ai trouvé quelques ames sensibles et compâtissantes: que celles-là jouissent, dans leur cœur, de la tranquillité que doit leur donner leur façon de penser.

Je prie MM. de Malesherbes, Tronchet et de Sèze, de recevoir ici mes remercîmens et l'expression de ma sensibilité, pour tous les soins et les peines qu'ils se sont donnés pour moi.

Je finis, en déclarant devant Dieu, et prêt à paraître devant lui, que je ne me reproche aucun des crimes qui sont avancés contre moi.

Fait double, à la Tour du Temple, le 25 décembre 1792.

Signé LOUIS.

Au bas est écrit.

BAUDRAIS, Officier municipal.

Après avoir entendu les dernières paroles de Louis, de ce héros chrétien, on ne peut plus citer que celles de son pieux Confesseur, qui, tombant à ses genoux, à l'instant fatal où sa tête allait être tranchée, s'écria, comme par inspiration:

Montez au Ciel digne fils de Saint-Louis.

Disons donc tous ensemble, et à genoux ?

Priez pour nous, ame héroïque, ame céleste, généreux martyr, priez pour nous, digne fils de Saint Louis, digne héritier de ses vertus et de son trône, qui partagez sa gloire immortelle. Priez pour nous, demandez grâce pour tant de coupables. Grand saint, priez Dieu qu'il fasse régner dans nos cœurs la clémence, la douceur, la bonté, dont vous fûtes le parfait modèle. Demandons-lui que l'esprit d'irréligion et d'impiété, qui nous a tant fait de mal, disparaisse à jamais ; que nos cœurs, touchés de ses sublimes vertus, de celles de ses dignes Frères, de sa céleste Fille (20), sentent tout ce qu'ils doivent d'amour, de respect et de reconnaissance aux illustres rejetons de la plus auguste famille de l'univers, que le ciel nous a rendus dans sa miséricorde. Que tous ces grands et terribles événemens, mes frères, nous apprennent enfin que rien n'est solide, ni louable, ni désirable ici bas, si ce n'est la vertu éclairée par la Religion, laquelle seule peut ouvrir les portes de l'éternité bienheureuse, que je vous souhaite. *Au nom du Père, du Fils et du Saint-Esprit*. Ainsi-soit-il.

NOTES.

(1) Voyez le livre intitulé : *Dernières années de Louis XVI*, par François Hue, l'un des officiers de la chambre du Roi, appelé par ce prince, après la journée du 10 août, à l'honneur de rester auprès de lui et de la Famille Royale. —Un vol. in-8°. Prix : 6 fr. Chez *Galland*, rue du Paon-Saint-André-des-Arcs, n°. 8.

(2) Vingt ans avant la révolution, un de nos plus grands orateurs, M. Séguier, avocat-général au parlement de Paris, dans un discours prophétique, l'avait dénoncée au Roi, à la France, à l'Europe entière : il en exposait le but, le plan, les moyens, les auteurs, de manière à ne pas laisser de doute sur l'existence de cette effrayante conspiration contre le bonheur et la moralité de tous les peuples.

« Il s'est élevé, disait cet éloquent magistrat, au
» milieu de nous une secte impie et audacieuse ; elle
» a décoré sa fausse sagesse du nom de philosophie :
» sous ce titre imposant, elle a prétendu posséder
» toutes les connaissances. Ses partisans se sont érigés
» en précepteurs du genre humain. Liberté de penser,
» voilà leur cri, et ce cri s'est fait entendre d'une ex-
« trémité du monde à l'autre. D'une main, ils ont
» tenté d'ébranler le trône ; et de l'autre, ils ont voulu
» renverser les autels. Leur objet était d'éteindre la
» croyance, de faire prendre un autre cours aux es-
» prits sur les institutions religieuses et civiles ; et la
» révolution s'est, pour ainsi dire, opérée ; les prosé-
» lytes se sont multipliés ; leurs maximes se sont ré-
» pandues ; les royaumes ont senti chanceler leurs
» antiques fondemens, et les nations, étonnées de
» trouver leurs principes anéantis, se sont demandées

« par quelle fatalité elles étaient devenues si diffé-
» rentes d'elles-mêmes.

» Ceux qui étaient les plus faits pour éclairer leurs
» contemporains, se sont mis à la tête des incrédules ;
» ils ont déployé l'étendart de la révolte ; et, par cet
» esprit d'indépendance, ils ont cru ajouter à leur cé-
» lébrité. Une foule d'écrivains obscurs, ne pouvant
» s'illustrer par l'éclat des mêmes talens, a fait pa-
» raître la même audace. . . . . . Enfin la Religion
» compte aujourd'hui presque autant d'ennemis dé-
» clarés, que la littérature se glorifie d'avoir produit
» de prétendus philosophes. Et le Gouvernement doit
» trembler, de tolérer, dans son sein, une secte ardente,
» qui semble ne chercher qu'à soulever les peuples,
» sous prétexte de les éclairer ». (*Réquisitoire du* 18
août 1770).

Il s'agissait dans ce réquisitoire d'une foule d'ouvrages, dont le goût et la morale ont fait justice depuis
long-temps.

« En réunissant toutes ces productions, continuait
» ce célèbre orateur, on en peut former un corps de
» doctrine corrompue, dont l'assemblage prouve in-
» vinciblement que l'objet qu'on s'est proposé n'est
» pas seulement de détruire la religion chrétienne ;
» l'impiété ne borne pas ses projets d'innovation à
» dominer sur les esprits. —Son génie inquiet, en-
» treprenant, et ennemi de toute dépendance, aspire à
» gouverner toutes les constitutions politiques, et ses
» vœux ne seront remplis que quand elle aura mis la
» puissance législative et exécutive entre les mains
» de la multitude ; lorsqu'elle aura détruit cette iné-
» galité nécessaire des rangs et des conditions ; lors-
» qu'elle aura avili la majesté des Rois, rendu leur
» autorité précaire et subordonnée aux caprices d'une

» foule aveugle, et lorsqu'enfin, à la faveur de ces
» étranges changemens, elle aura précipité le monde
» entier dans l'anarchie et dans tous les maux qui en
» sont inséparables ».

Si, par un motif quelconque, quelques personnes
pouvaient douter encore que ces vérités aient été senties
alors par ceux qu'elles attaquaient spécialement, nous
les invitons de parcourir les lettres de Voltaire et de
d'Alembert (20 octobre, 4 décembre, et autres de la
fin de 1770), et l'on verra, à la manière dont ils par-
lent du *Requérant*, du *Réquisitorien*, quel effet le réquisitoire avait produit sur eux.

(3) Plus d'une fois le jeune monarque avait dit à
celui de ses ministres, qu'il affectionnait plus particulièrement, et à qui il souhaitait de voir partager ses
principes religieux : « Sans religion, mon cher Ma-
» lesherbes, point de bonheur pour les sociétés ni pour
» les individus. La Religion est le plus ferme lien des
» hommes entre eux : elle empêche l'abus de la puis-
» sance et de la force, protège le faible : console le
» malheureux, garantit dans l'ordre social l'observa-
» tion des devoirs réciproques. Croyez-moi, il est
« impossible de gouverner le peuple par les principes
» de la philosophie ».

*Donner à ceux qui avaient besoin était mon plus
grand plaisir*, répondit le Roi dans un interrogatoire
que ses ennemis lui ont fait subir en se constituant ses
juges. Ce trait seul est caractéristique, ainsi que le
suivant, qui n'appartient qu'à la vertu d'un prince
aussi chrétien, *Faisons le bien*, disait-il, à M. de Malesherbes, *mais faisons-le sans ostentation*, quand ce
ministre lui conseillait de visiter lui-même les prisons
d'État pour rendre la liberté aux prisonniers trop lé-
gèrement ou depuis trop long-temps détenus.

(4) Un jour que M. de Malesherbes, travaillant avec
Sa Majesté, paraissait étonné du développement et de
l'étendue de ses lumières : « J'ai senti, lui dit le Roi,
» au sortir de mon éducation, que j'étais loin de l'avoir
» complettée. Je formai le plan d'acquérir l'instruction
» qui me manquait ; je voulus savoir les langues an-
» glaise, italienne, espagnole ; je les appris seul. Je
» me rendis assez fort dans la littérature latine pour
» traduire aisément les auteurs les plus difficiles. En-
« suite, m'enfonçant dans l'histoire, je remontai
» jusqu'aux premiers âges du monde ; puis, descen-
» dant de siècle en siècle jusqu'à nos jours, je m'arrêtai
» spécialement à l'histoire de France : je m'imposai la
» tâche d'éclaircir ses obscurités. Je méditai la législa-
» lation et les coutumes du royaume ; je comparai la
» marche des différens règnes ; j'analysai les causes de
» leur prospérité et de leurs revers. A ce travail habi-
» tuel, je joignis la lecture de tous les bons ouvrages
» qui paraissaient. Ceux qui traitaient des matières
» d'administration ou de politique m'attachaient de
» préférence ; j'y faisais mes observations ». On a
trouvé, en effet, parmi les livres particuliers du Roi,
nombre d'ouvrages enrichis de notes écrites de sa
propre main. On sait aussi que ce prince conçut lui
seul le plan de voyage de M. de La Peyrouse ; et qu'il
rédigea lui-même les belles et savantes instructions
qui furent remises à cet infortuné navigateur.

(5) Bailly, maire de Paris, lui a rendu cette justice,
ainsi que plusieurs membres de la Commune, tels que
M. Joly, avocat au conseil, et une foule d'autres personnes.

(6) A l'époque de son avénement au trône, l'avocat
Linguet ne cessait, dans ses feuilles périodiques, de
donner le conseil de faire banqueroute.

(7) On se souvient de l'axiome ou du refrein de l'abbé Syeyes : « Messieurs, soignons le *déficit.*

- (8) *Voyez*, dans la vie privée et politique de Louis XVI, l'éloquent plaidoyer de M. Deseze, qui défendit l'innocence avec tant d'énergie, jusques sous le fer des bourreaux.

(9) Après quelques semaines d'une captivité tyrannique (dit M. Hue, pag. 233) il fut enfin permis à la Reine de se promener avec Monsieur le Dauphin, au jardin des Thuilleries. Un jour qu'elle était moins surveillée, elle me fit l'honneur de me dire : « le Roi et » moi venons de refuser un secours de soixante mille » hommes que l'Empereur, mon frère, nous proposait » d'envoyer en France. Patienter encore, retarder, » autant que possible, l'emploi de pareils moyens, nous » paraît préférable. L'irruption subite de troupes » étrangères causerait d'inévitables désordres ; les su- » jets du Roi , bons et mauvais, en souffriraient infail- » liblement. L'assistance des étrangers, quelques amis » qu'ils paraissent , est une de ces mesures qu'un Roi » sage ne doit employer qu'à la dernière extrémité ».

(10) Le Roi, ayant refusé de sanctionner deux décrets rendus sur la déportation des prêtres insermentés et sur la formation d'un camp de vingt mille hommes, près de Paris , les factieux saisirent l'occasion du refus de S. M. pour échauffer le peuple. Le nom de *Veto* fut donné, par dérision, au Roi et à la Reine. De misérables chansons exprimèrent cette qualification de cent manières plus ridicules les unes que les autres. Un jour que , rassemblés sur la terrasse du château, des gens du peuple vociféraient ces chants insultans et ironiques , le Roi, qui les entendit, leva les yeux au Ciel : *que leur ai-je fait,* s'écria-t-il , avec l'accent de la

douleur! j'ai voulu les rendre heureux ; *ils s'y refusent, mais ils ne lasseront pas ma constance.* Ces insultes ne se bornèrent pas là. On afficha sur les portes de l'intérieur du palais : *Point de Roi , point de liste civile. Un Roi est un obstacle au bonheur du peuple. Vive la nation ! vive la liberté ! à bas les traîtres !* Un drapeau aux trois couleurs, surmonté d'un bonnet rouge, fut planté sur la principale porte du château. *Voyez* M. Hue, pag. 282.

(11) *Voyez* M. Hue, pages 556 et suivantes , mort le 8 juin 1795.

(12) *Idem*, 16 octobre 1793.

(13) Madame Élisabeth, cette auguste princesse, qui joignit aux plus grandes vertus la plus éminente charité, sera désormais la seconde personne de Paris et de la France. L'histoire a déjà recueilli cet acte de dévouement si sublime, lorsque, dans la journée du 20 juin 1792, les séditieux , qui avaient forcé le dernier asile de nos rois , tenaient le glaive levé sur sa tête , comptant frapper celle de la Reine : *Ne les détrompez pas*, s'écria madame Élisabeth , qui voulait, aux dépens de ses jours , sauver ceux de la Reine. (*Voyez* M. Hue, page 553.)

(14) Condamnée à mort le 10 mai 1794.

(15) Monseigneur le Comte d'Artois, les ducs d'Angoulême et de Berry ; le prince de Condé, le duc de Bourbon , le duc d'Enghien, reçurent du Roi l'ordre d'aller hors du royaume, mettre leurs têtes à l'abri de la proscription. On sait que Monseigneur Comte d'Artois fut sur le point d'être empoisonné à Turin peu de temps après son départ. Le monstre qui avait accepté cette horrible mission , se fit justice lui-même en avalant le poison.

(39)

Mesdames Adélaïde et Victoire de France, tantes
du Roi, partirent pour Rome le 19 février de l'année
suivante.

Madame la duchesse d'Orléans, digne héritière des
vertus de son auguste père, Monseigneur le duc de
Penthièvre, échappa, comme par miracle, à la Guil-
lotine. Après avoir été en prison au Luxembourg,
pendant onze mois, portée sur la fatale liste, du pied
de l'échafaud, elle fut transférée dans une maison de
détention du faubourg Saint-Antoine. Mais ses longs
malheurs et ses vertus, si généralement respectés ne
purent la préserver de l'exil. Sa fortune était d'ail-
leurs un nouveau titre de proscription. Les divers gou-
vernemens, qui se sont succédés en France, fidèles à
leur système de persécution et de spoliation, ne pouvaient pardonner à cette pieuse princesse l'éclatante
vénération dont son nom était par-tout accompagné
depuis sa jeunesse. Comment l'usurpateur aurait-il pu
laisser en France, à côté de sa famille si dépravée, une
princesse dont le nom seul commande le plus profond
respect !

(16) On sait que le Roi, ayant été atteint d'une
balle à la tête, dit avec sang-froid : Quelques lignes
plus haut, et le Roi de France se nommait Charles X.
Et Sa Majesté n'a plus parlé de cet événement.

(17) L'enlever à Bade, l'emmener prisonnier à Vin-
cennes, le faire juger, le condamner et le faire fusiller,
fut l'affaire de peu de jours. Il périt le 30 mars 1804,
âgé de 29 ou 30 ans,

(18) Le chapitre de Paris a fait un mandement qui
ordonne de réciter, avant la messe, le *Miserere*, le
Domine non secundùm, etc., avec l'Oraison *Deus qui
culpâ offenderis*, etc.

(19) Qu'il soit un jour dans l'année où l'on dise tout haut : *Louis XVI a aimé son peuple ; et il l'a aimé jusqu'à* mourir *pour lui ;* qu'il soit un jour où l'Évangile de sa passion soit lu immédiatement avant l'Évangile de sa clémence. Ce que conseille avec tant d'éloquence M. de Lally-Tolendal, ce grand orateur des plus nobles sentimens, dans le journal du 21 janvier, nous l'avons deviné et prévenu ; et cette identité de preuves de sentimens, quoique faiblement exprimées de notre part, nous a porté à publier cet essai d'éloge, tout imparfait qu'il est.

(20) Dans quelle histoire ancienne ou moderne trouverait-on un trait de générosité comparable à celui-ci ? Après une captivité de douze cent neuf jours, pendant lesquels on ne peut imaginer tout ce qu'eut à souffrir Madame Royale (depuis le 10 août 1792 jusqu'au 19 décembre 1795), à peine est-elle libre qu'elle écrit à S. M. pour implorer sa clémence en faveur des Français et même des meurtriers de sa famille, et son inconcevable grandeur d'ame, s'exprime en ces termes : « Oui, mon oncle, c'est celle dont ils ont fait périr » le père, la mère et la tante, qui, à genoux, vous » demande et leur grace et la paix. » Cette incompréhensible bonté ne peut être comparée qu'à la divine miséricorde.

F I N.

De l'Imprimerie de Doublet.

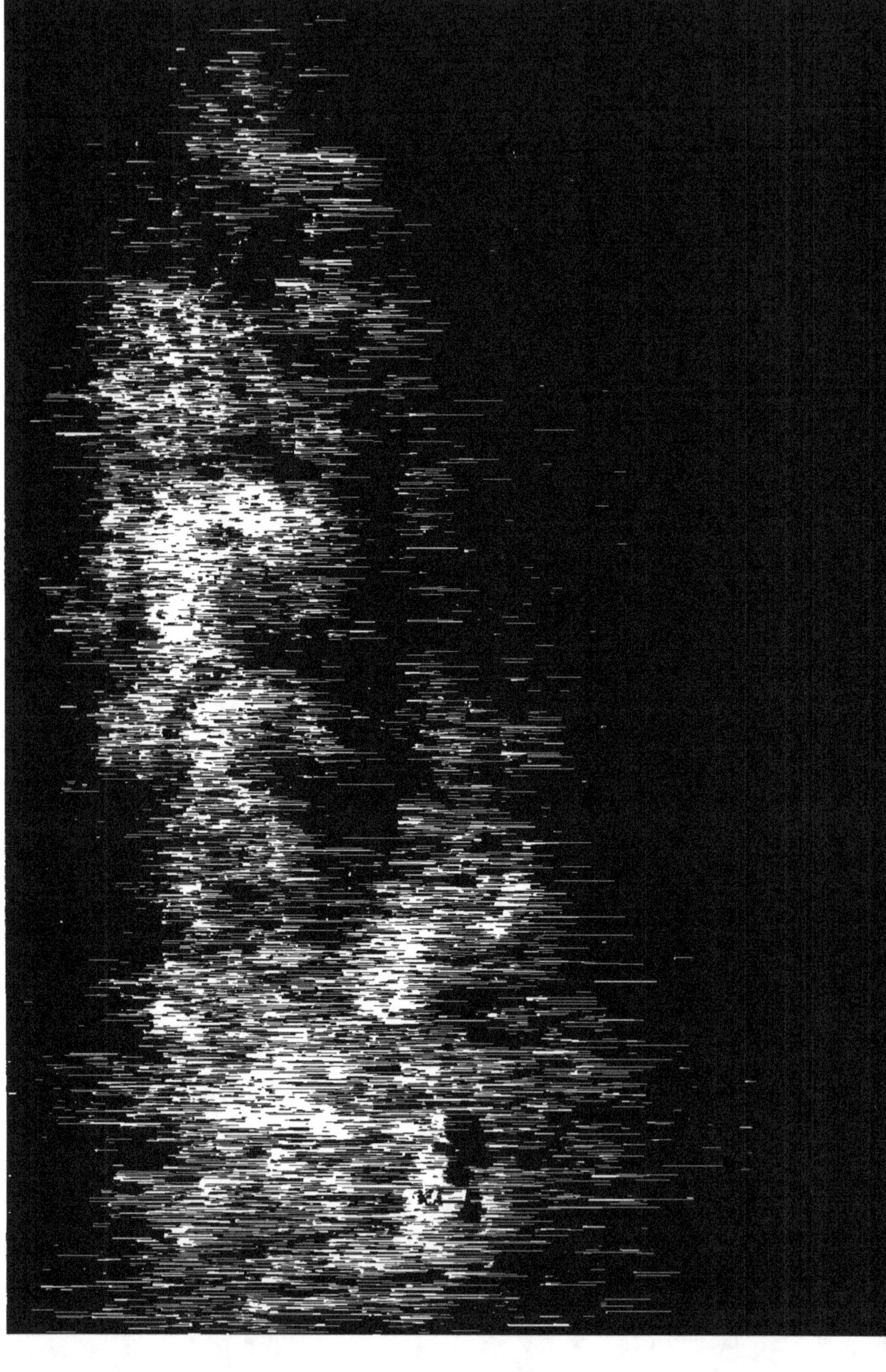